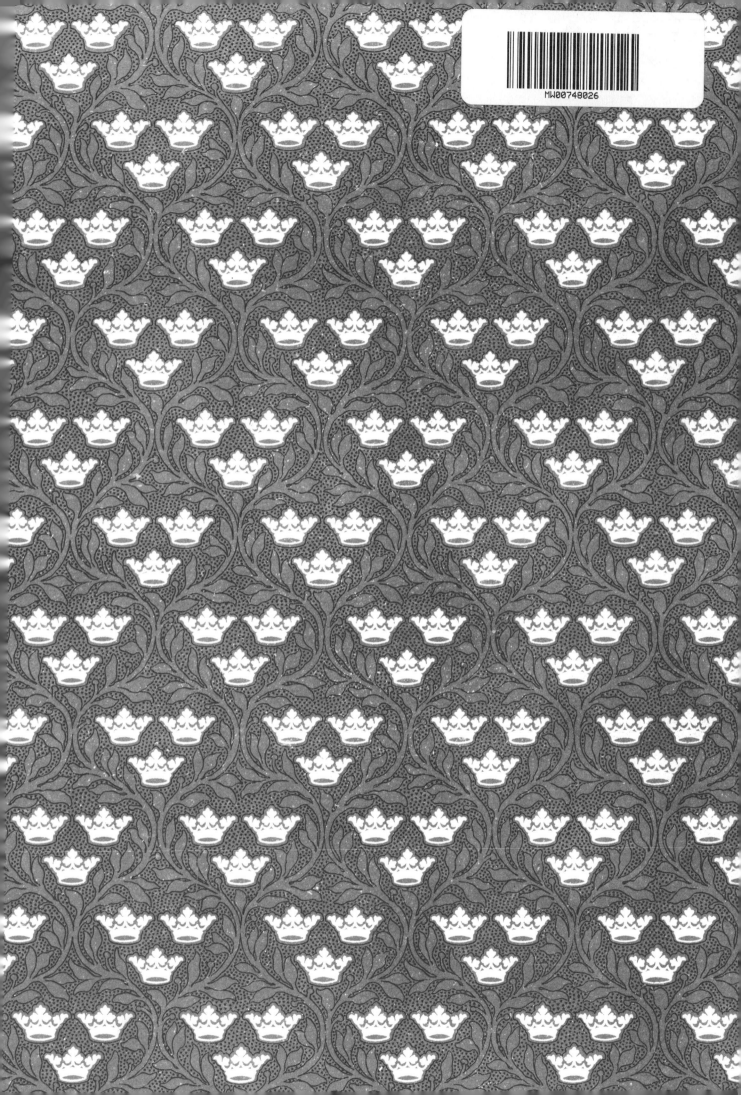

Det kungliga året
2002

Madeleine, världens vackraste prinsessa, fyllde 20 år i juni
och hyllades av familj, släkt och vänner.

*Madeleine, the world's most beautiful princess, celebrated her 20th birthday
in June and family, relatives and friends congratulated her.*

Kronprinsessan Victoria, prins Carl Philip och drottning Silvia i Prinsens Galleri på 2001 års Nobelbankett i Stockholms stadshus.

Crown Princess Victoria, Prince Carl Philip and Queen Silvia in the Prince's Gallery at the Nobel Banquet 2001, held in Stockholm City Hall.

BOBBY ANDSTRÖM

ERHAN GÜNER

Det kungliga året 2002

Översättning till engelska av Vanessa Clare

NATUR OCH KULTUR/LTs FÖRLAG

KUNGLIGT KALAS

I väven av kungliga tilldragelser under senhösten 2001 och våren och försommaren 2002 fick Stockholms 750-årsjubileum och kronprinsessan Victorias 25-årsdag extra stor uppmärksamhet.

Det har nu gått ett kvarts sekel sedan de 21 skotten från salutbatterierna på Skeppsholmen i Stockholm morgonen den 15 juli bekräftade att Sverige under natten den 14 juli hade fått en ny medlem av kungahuset, en prinsessa!

Klang och jubel blev det när Sveriges kronprinsessa Victoria Ingrid Alice Désirée firade sin 25:e födelsedag på Öland i närvaro av familj, vänner och glada uppvaktande medborgare. Under åren som gått har Victoria fått en alldeles speciell plats i svenska folkets hjärta. Många minns hennes imponerande framträdande på 18-årsdagen på Stockholms slott. Därefter har hon studerat och skaffat sig erfarenheter både hemma i Sverige och utomlands för sitt framtida uppdrag som Sveriges drottning och regent.

Året har också bjudit på sorg. Greve Sigvard Bernadotte af Wisborg, andre son till dåvarande prins Gustaf (VI) Adolf (1882–1973) och hans hustru i första äktenskapet, Margareta, prinsessa av Storbritannien och Irland (1882–1920) avled i februari 2002. Han föddes den 7 juni 1907 på Stockholms slott och blev en av Sveriges främsta formgivare. Vid begravningsceremonin i Engelbrektskyrkan i Stockholm sade kyrkoherde emeritus Ingemar Glemme i sitt griftetal att Sigvard fick ett långt och väl använt liv.

Borta är nu också den engelska drottningen Elizabeths mor, änkedrottning Elizabeth, gift med George VI. Hon blev 101 år och var genom sin värme och starka personlighet en älskad och uppskattad symbol för det engelska kungahuset. I början av februari avled också hennes dotter prinsessan Margaret, 71 år gammal. Hon blev känd över hela världen för sin olyckliga kärlekshistoria med Peter Townsend som hon aldrig fick gifta sig med. I stället blev societetsfotografen Anthony Armstrong-Jones hennes make några år.

På hemmaplan fyllde kung Carl Gustaf och drottning Silvia sina program med en lång rad traditionella plikter. Men riktigt som vanligt blev det inte hösten 2001 – den 11 september drabbades USA av en terrorattack som skakade om hela den demokratiska världen. "Varför och hur är frågor som alla ställer sig", sade kung Carl Gustaf i sitt tal vid riksmötets öppnande den 18 september. "Vi har inte, och sannolikt kommer vi aldrig att finna, godtagbara skäl. I stället måste vi ägna all kraft åt att understryka nödvändigheten av att försvara demokratin, liksom vikten av att fortsätta utveckla den här hemma såväl som utanför våra egna gränser."

I minnesgudstjänsten i Storkyrkan i Stockholm för att hedra offren och deras familjer deltog bland andra den kungliga familjen och statsminister Göran Persson.

I det svenska samhället finns en rad synbara problem. Det visade mordet på Fadime Sahindal i Uppsala, en familjetragedi som blev en nationell angelägenhet och kastade ljus över många invandrarbarns och ungdomars situation. Minneshögtiden i Uppsala domkyrka blev en gripande hyllning till Fadime som valde sin egen väg, bröt mot starka familjetraditioner och fick betala med sitt eget liv. Hon gav det aktiva motståndet mot förtryck ett ansikte. Kronprinsessan Victoria, talman Birgitta Dahl och statsrådet Mona Sahlin sågs i spetsen för de tusentals människor som kom för att hedra Fadime.

Året har också innehållit glada bröllopsfestligheter i den kungliga världen. Först ut i raden var Norges kronprins Haakon Magnus som i augusti 2001 förenades med Mette-Marit Tjessem Höiby i ett uppmärksammat bröllop i Oslo. God tvåa kom holländska kronprinsen Willem-Alexander som i början på februari 2002 gifte sig med den vackra Máxima Zorreguieta. I slutet av maj 2002 firades norska prinsessan Märta Louises bröllopsfest i Trondheim när hon förenades med författaren Ari Behn. På samtliga tre bröllop har de vackra svenska systrarna kronprinsessan Victoria och prinsessan Madeleine väckt stor uppmärksamhet och många har undrat när det är dags att ordna bröllop på Stockholms slott.

Bobby Andström

Nationaldagen 6 juni 2002 firades på Stockholms Stadion med stort artistuppbåd och kungliga familjen på hedersplats. Det blev en solig och glad fest – här upplevde kung Carl Gustaf som liten prins Svenska Flaggans dag innan evenemanget flyttades till Skansen. Artistuppbådet var imponerande. Stjärntrion Afro-Dite, dvs Gladys del Pilar, Blossom Tainton och Kajo fick det att svänga loss. Och som vanligt viftades det ivrigt med flaggor i blått och gult.

National Day celebrations on 6 June 2002 were held at Stockholm Stadium with a large number of artists and the royal family in the seats of honour. It was a sunny and happy

celebration – it was here that King Carl Gustaf as a small prince witnessed the Swedish National Day before the event was transferred to Skansen. The line up of artists was impressive. The star trio Afro-Dite, i.e. Gladys del Pilar, Blossom Tainton and Kajo had people dancing. And, as usual, blue and yellow flags were waved gladly.

A ROYAL PARTY

Among the royal events of the late autumn of 2001 and the spring and early summer of 2002, Stockholm's 750th anniversary and Crown Princess Victoria's 25th birthday received special attention.

Twenty-five years have passed since the 21 shots fired from the saluting batteries at Skeppsholmen in Stockholm on the morning of 15 July confirmed that during the night of 14 July Sweden's royal family had a new member, a princess!

It was a time of jubilation and rejoicing when Sweden's Crown Princess Victoria Ingrid Alice Désirée celebrated her 25th birthday on the island of Öland in the presence of family, friends and happy, admiring subjects. Over the years Victoria has won a special place in the hearts of the Swedish people. Many remember her impressive appearance on her 18th birthday at the Stockholm Palace. Since then she has studied and gained experience, both at home and abroad, to prepare for her future role as queen and sovereign of Sweden.

The year has also included its moments of sorrow. Count Sigvard Bernadotte af Wisborg, the second son of King Gustaf VI Adolf (1882-1973) and his first wife, Margaret, Princess of Great Britain and Ireland (1882–1920), passed away in February 2002. He was born on 7 June 1907 at the Stockholm Palace and became one of Sweden's foremost designers. At the funeral ceremony in Engelbrekt's Church in Stockholm the Reverend Ingemar Glemme said in his oration that Sigvard had enjoyed a long and meaningful life.

The Queen Mother, the mother of British Queen Elizabeth II, married to George VI, also passed away. The Queen Mother, who reached the age of 101, was with her warmth and strong personality, a beloved and admired symbol of the British royal family. Her daughter, Princess Margaret, aged 71, also passed away at the beginning of February. She became known throughout the world for her unhappy love-affair with Peter Townsend, whom she was never permitted to marry. Society photographer Anthony Armstrong-Jones became her husband a few years later instead.

At home King Carl Gustaf and Queen Silvia filled their programmes with a significant number of traditional duties. Things were, however, not as usual in the autumn of 2001. On 11 September the USA was subjected to a terror attack that shook the entire democratic world. "Why and how are questions that everyone is asking," said King Carl Gustaf in his speech at the opening of the parliamentary session on 18 September. "We have not found, and will probably never find, acceptable reasons. We must instead expand our efforts to emphasise the necessity of defending democracy, and the importance of ensuring its continued development, both at home and outside our own borders."

The royal family and Prime Minister Göran Persson were amongst those who were present at the memorial service in Stockholm's Cathedral to pay tribute to the victims and their families.

There are a number of apparent problems in Swedish society. This was illustrated by the murder of Fadime Sahindal in Uppsala; a family tragedy that became a national concern and which highlighted the situation of many immigrant children and young people. The memorial service in Uppsala Cathedral was a moving homage to Fadime who had gone her own way, broke with strong family traditions and paid with her life. She provided a face for the active opposition to oppression. Crown Princess Victoria, Speaker Birgitta Dahl and Minister Mona Sahlin were seen at the fore of the thousands of people who came to honour Fadime.

The year has also included happy wedding festivities in the royal world. First was Norway's Crown Prince Haakon Magnus who in August 2001 was married to Mette-Marit Tjessem Höiby in Oslo. The wedding attracted a lot of attention. It was then the turn of the Dutch Crown Prince Willem-Alexander who, at the beginning of February 2002, married the beautiful Máxima Zorreguieta. At the end of May 2002 the wedding of the Norwegian Princess Märta Louise was celebrated in Trondheim when she was married to the author Ari Behn. The beautiful Swedish sisters, Crown Princess Victoria and Princess Madeleine, have attracted much attention at all three weddings, and many have wondered when it will be time to arrange a wedding at the Stockholm Palace.

Bobby Andström

Margaretha Krook, en av Sveriges mest uppskattade skådespelare, avled förra året efter en tids sjukdom. I maj 2002 avtäckte kronprinsessan Victoria en staty till minne av den stora aktrisen på Nybroplan i Stockholm. Att just Victoria fick hedersuppdraget var ingen tillfällighet – Margaretha och Victoria hade en nära vänskap där Margaretha med sitt kunnande stödde kronprinsessan och delade med sig av sina rika erfarenheter. Victorias strålande framträdande på 18-årsdagen på Stockholms slott tillskrivs samarbetet mellan de två.

Sofiero slott utanför Helsingborg fick en extra attraktion sommaren 2002 när Danmarks drottning Margrethe ställde ut en rad av sina konstverk. Att drottningen är en driven konstnär har visats vid utställningar både i Danmark och Sverige och de senaste verken ger klart besked om hennes säkra utveckling i den motivvärld som hon har gjort till sin.

Margaretha Krook, one of Sweden's most highly prized actresses, passed away last year after a period of ill-health. Crown Princess Victoria unveiled a statue in memory of the great actress on Nybroplan, Stockholm in May 2002. It was no coincidence that it was Victoria who was given the honorary task. Margaretha and Victoria were close friends and Margaretha, with her experience, supported the Crown Princess and imparted her wisdom. Victoria's dazzling appearance at the Stockholm Palace on her 18th birthday is ascribed to the co-operation between the two.

There was an extra attraction at Sofiero Castle, outside Helsingborg, in the summer of 2002, when Denmark's Queen Margrethe exhibited a number of her works of art. Several exhibitions, both in Denmark and Sweden, have shown that the Queen is a skilful artist and the latest works confirm her steady development in the motif that she has made her own.

STATSBESÖK I RYSSLAND

I början av oktober 2001 besökte kungaparet Ryssland under fem da-gar. Gästerna möttes av en delegation med president Vladimir Putin i spetsen som välkomnade kung Carl XVI Gustaf och drottning Silvia. I besöksrutinerna ingår ett besök på den okände soldatens grav i Mos-kva och drottning Silvia lägger nejlikor på författaren Nikolai Gogols grav. Vid galamiddagen i Kreml ledsagades det svenska kungaparet till bords av president Vladimir Putin och hans maka Ludmilla.

The royal couple visited Russia for five days in October 2001. The guests were met by a delegation led by President Vladimir Putin who welcomed King Carl XVI Gustaf and Queen Sil-via. The programme included a visit to the grave of the Unknown Soldier in Moscow and Queen Silvia placed carnations on the grave of the au-thor Nikolai Gogol. President Vladimir Putin and his wife Ludmilla escorted the royal couple in to dinner at the gala banquet at the Kremlin.

Efter besöket konstaterade kung Carl Gustaf att Vladimir Putin är öppen, spännande och rakt på sak. Det känns att han är en stark och dynamisk person, sa kungen till en grupp journalister. President Putin utbringade en skål för de svenska gästerna, här drottning Silvia. Traditionsenligt bjöd Kungaparet sina värdar på en mottagning i den svenska ambassaden där kungaparet fick träffa företrädare för Rysslands officiella liv, här den kontroversielle politikern Gennady Zyuganov.

After the visit King Carl Gustaf observed that Vladimir Putin is sincere, exciting and forthright. "One can sense that he is a strong and dynamic person," the King told a group of journalists. President Putin proposed a toast to the Swedish guests, in this instance to Queen Silvia. In keeping with tradition the royal couple invited their hosts to a reception at the Swedish embassy. The royal couple met representatives from Russian public life, here the controversial politician Gennady Zyuganov.

9

Tillsammans med presidentens hustru Ludmilla Putin besökte drottning Silvia två hem för gatubarn i Moskva. På bilden ovan lyssnar hon på Ivan som berättade att han vill bli plåtslagare. Lille Kolja på bilden t h blev en aning blyg inför all uppståndelsen men visade till slut upp sina teckningar.

Under: Det finns verkliga talanger bland de föräldralösa barnen och ungdomarna. Här dansar 16-åriga Ludmilija, som har lyckats komma in som balettelev på Bolsjojteatern, den världsberömda operan i Moskva.

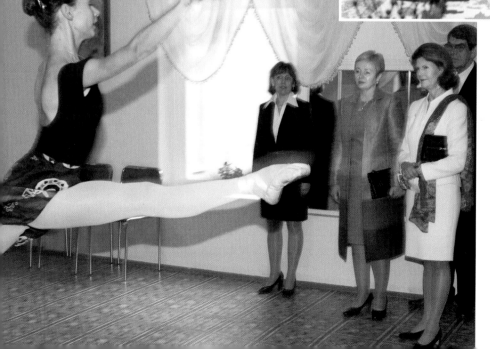

Queen Silvia, accompanied by the President's wife Ludmilla Putin, visited two homes for street children in Moscow. In the top picture she listens to Ivan, who told her that he wants to be a sheet-metal worker. In the picture below young Kolja became shy faced with all the attention but finally showed his drawings. Left: Real talent is to be found among the orphan children and adolescents. Here, 16-year-old Ludmilija, who has been accepted as a ballet pupil at the Bolschoy Theatre, the world-famous opera-house in Moscow, is shown dancing.

Moskvas konst lockar alla. Här ses drottning Silvia framför berömda Tretiakovmuséets största målning "Kristus kommer till folket" av Ivanov. I Kreml öppnade drottningen en utställning, Bohlins i Ryssland.

Mest rörande och hjärteknipande var drottningens möte med de HIV-sjuka barnen på Barnsjukhus Nummer 3 i S:t Petersburg. I famnen bär hon 18 månder gamla Anja som föddes med den fruktade sjukdomen. Med hjälp från World Childhood Foundation har man skapat ett center för denna grupp av utsatta barn.

Moscow's art attracts everyone. Queen Silvia is shown in front of the famous Tretiakov Gallery's largest painting "The Appearance of Christ Before The People", by Ivanov. The Queen opened the exhibition "Bohlins in Russia" at the Kremlin.

The most touching and heart-wrenching event was when the Queen met the children with HIV at the Children's Hospital Number 3 in St Petersburg. She holds 18-month-old Anja, who was born with the dreaded disease. A centre has been set up for this group of vulnerable children with the aid of the World Childhood Foundation.

Statsbesöket i Ryssland omfattade också resor till andra delar av det väldiga landet, bl a de omskrivna Solovetskijöarna i Vita havet, den stora viken i Norra Ishavet mellan Kolahalvön och Kaninhalvön. Kungaparet står framför huvudöns kloster, byggt i början på 1500-talet. Mellan åren 1923 och 1939 användes öarna som koncentrationsläger med hundratusentals fångar. Nära hälften dog av svält och de umbäranden som de utsattes för.

I staden Murmansk på Kolahalvön lade kung Carl Gustaf ned en krans med blågula band vid krigsmonumentet. I staden Archangelsk vid Vita havet visade man stolt upp utomhusmuseet Malyje Karely. Enligt gammal rysk tradition hälsades drottning Silvia välkommen med salt och bröd.

The state visit to Russia also included visits to other parts of the vast country, including the Solovetsky Islands in the White Sea, the large gulf in the Artic Ocean between the Kola Peninsula and the Kanin Peninsula. The royal couple stand in front of the main island's monastery, built at the beginning of the 16th century. The islands were used between 1923 and 1939 as concentration camps for hundreds of thousands of prisoners. Almost half of the prisoners died of famine and of the hardships they were exposed to.

King Carl Gustaf placed a wreath with blue and yellow ribbons at the war memorial in the town of Murmansk on the Kola Peninsula. The outdoor museum Malyje Karely is proudly shown in the town of Archangel on the White Sea. In keeping with an old Russian tradition Queen Silvia is welcomed with salt and bread.

スウェーデン スタイル 東京 2001 10/12 ▶ 28
SWEDISH STYLE IN TOKYO 2001 10/12 ▶ 28

VICTORIA I JAPAN

Kronprinsessan Victoria visade sina talanger som Sverigepresentatör när hon under tio dagar i oktober 2001 besökte Japan för att slå ett slag för blått och gult tillsammans med bl a handelsminister Leif Pagrotsky och ett par hundra svenska representanter för kulturlivet. Initiativtagare till den svenska invasionen var Ewa Kumlin, maka till svenske ambassadören. Det bjöds på svenska kulturformer av alla slag: dans, design, konst, mat och musik. Kronprinsessan klippte bandet och öppnade med säker gest Swedish Style in Tokyo. Sveriges ambassadör Krister Kumlin t v och handelsministern t h ser glatt på. Nedan: Vid mottagningen på fashionabla Ark Hills Plaza bjöds det på prinsesstårta och alla lät sig väl smaka.

Crown Princess Victoria showed her talent for representing Sweden when she went on a 10-day visit to Japan in October 2001 to promote Sweden, with, amongst others, Trade Minister Leif Pagrotsky and two hundred Swedish cultural representatives. Ewa Kumlin, wife of the Swedish Ambassador initiated the Swedish invasion. Varying forms of Swedish culture were on display: dance, design, art, food and music. The Crown Princess cut the ribbon and confidently opened "Swedish Style in Tokyo". Sweden's Ambassador Krister Kumlin on the left and the Trade Minister on the right look on happily.
Left: A Princess Cake was on the menu at the reception at the fashionable Ark Hills Plaza and was enjoyed by all.

I arrangemanget ingick också svensk musik och svenska artister. Bl a fanns sångerskorna Charlotte Nilsson och Eva Dahlgren på plats för att förnöja dyrkande japaner.

Leif Pagrotsky och kronprinsessan studerade det stora utbudet av spännande föremål och provade soffan "Moving" designad av Yukio Hashimuto.

En klassisk japansk teceremoni var givetvis ett måste när kronprinsessan Victoria kom på besök på Nezu Institute of Fine Art in Tokyo. Här får hon instruktioner av Rosen Harada och Tyakuko Takahashi.

Swedish music and Swedish artists were included in the programme. The singers Charlotte Nilsson and Eva Dahlgren were amongst those on the tour to entertain adoring Japanese. Leif Pagrotsky and the Crown Princess studied the wide range of exciting objects and tested the sofa "Moving", designed by Yukio Hashimuto.

A classical Japanese tea ceremony was, of course, a must when the Crown Princess visited the Nezu Institute of Fine Art in Tokyo. Here she receives instruction from Rosen Harada and Tyakuko Takahashi.

Utställningen i Sweden House i Yokohama gick i genuin Carl Larsson-stil och beundrades av såväl kronprinsessan Victoria som besökande japaner.

På International Triennale of Contempory Art blev kronprinsessan mycket förtjust i den italienske konstnären Maurizio Cattelans väl fungerande minityrhissar.

The exhibition at Sweden House in Yokohama was in genuine Carl Larsson style and was admired both by Crown Princess Victoria and visiting Japanese.

At the International Triennale of Contemporary Art, the Crown Princess was fascinated by the Italian artist Maurizio Cattelan's miniature lifts that were in working order.

It was also possible to view a large wobbler for really big fish at the exhibition.

With an eye for art, Victoria and Elisabeth Tarras Wahlberg were amused by the ball, a piece by the artist Kusama Yayoi, in Narcissus Garden.

The Indonesian artist Henri Dono's large figure also gave cause for amusement.

En ordentligt tilltagen wobbler för de riktigt stora fiskarna kunde också ses på utställningen. Med näsa för konst runt kulan skojade Victoria och Elisabeth Tarras Wahlberg, ett verk av konstnären Kusama Yayoi i Narcissus Garden. Den indonesiske konstnären Henri Donos stora figur väckte också munterhet.

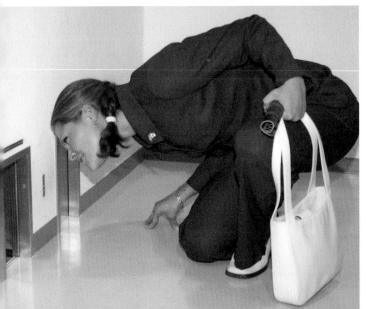

På Konstfacks utställning på Deluce i Tokyo provsatt kronprinsessan den svenske designern Viktor Bergströms fåtölj i skinn, en läcker skapelse för internationell miljö. På bilden nedan presenterar Kjell Rylander glas och keramik.

The Crown Princess tested Swedish designer Viktor Bergström's leather armchair, a tasteful creation for an international environment, at the School of Arts' exhibition at Deluce, Tokyo. In the middle picture Kjell Rylander shows glass and ceramic exhibits.
Below: The Crown Princess made contact with the Japanese wherever she went. She is shown here with Tokyo's master-builder Minoru Mori and his wife Yoshiko at a gourmet dinner at the Ark Hills Club.

Japanska kontakter skapade kronprinsessan över allt där hon drog fram. Här poserar hon tillsammans med Tokyos storbyggmästare Minoru Mori och fru Yoshiko vid en gourmetmiddag på Ark Hills Club.

Svenska kungahuset har sedan gammalt goda kontakter med den kejserliga familjen. Här sammanträffar kronprinsessan Victoria med kronprins Naruhito och kronprinsessan Masako i det kejserliga palatset i Tokyo.

Vid ett besök på ett stort elektronikföretag provade Victoria en ny telefon som många länge har drömt om. På skärmen kan man se den person man pratar med. Hon fick med sig telefonen hem som minne av besöket.

For many years the Swedish royal family has had a close relationship to the imperial family. Here Crown Princess Victoria meets Crown Prince Naruhito and Crown Princess Masaka inside the imperial palace in Tokyo.

Victoria tested a new telephone that many have long dreamed of when she visited a large electronics company. It is possible to see the person you are talking to on the screen. She was given the telephone as a memento of the visit.

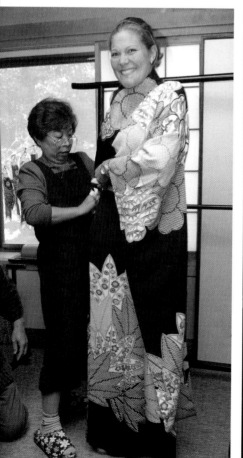

Kronprinsessan Victorias tio dagar i Japan bjöd på många intressanta programpunkter. I den gamla kejsarstaden Kyoto där hon gjorde en cykeltur och besökte templet Daikakuji passade hon på att ta egna bilder. På ett väveri specialiserat på kimonos provade den svenska gästen det traditionella japanska plagget med hjälp av väveriets ägare Shuija Oya och hans maka Shizuko. Victoria tyckte själv att hon såg riktigt elegant ut.

The programme during Crown Princess Victoria's 10 days in Japan included many interesting events. In the old imperial city of Kyoto she visited the Daikakuji Temple where she took the opportunity to take photographs. At a weaving mill specialising in kimonos the Swedish guest tried on the traditional Japanese dress with the assistance of mill owner Shuija Oya and his wife Shizuko.

The Crown Princess was invited to a formal dinner with the Japanese emperor at the palace in Tokyo on one of the evenings of the visit. Here she is curtsying to the Emperor Akihito and the Empress Michiko.

En av resans kvällar var kronprinsessan bjuden till högtidlig middag hos japanske kejsaren i palatset i Tokyo. Här niger hon för kejsar Akihito och kejsarinnan Michiko. Enligt väl placerade källor blev det en trevlig kväll tillsammans med det populära kejsarparet.

VICTORIA I KALIFORNIEN

Det finns resmål som är något alldeles extra. I oktober 2001 besökte kronprinsessan Victoria soliga Kalifornien och Los Angeles där hon bland annat träffade en lång rad av filmhuvudstadens artister. I Universal Studios stod plötsligt många stjärnor som man vanligtvis brukar se på TV. Hela området vimlar av minnen från olika filmsuccéer. Tillsammans med regissören Stig Bergqvist tittade hon på den villa där Alfred Hitchcocks film"Psyco" spelades in 1960.

There are destinations that are some-thing out of the ordinary. In October 2001 the Crown Princess visited sun-ny California and Los Angeles where, among other events, she met a long line of the film city's artists. Many stars that are normally seen on TV sudden-ly stood there at Universal Studios. The entire area is teeming with memo-ries of different box-office successes. With the director Stig Bergqvist she looked at the house used in Alfred Hitchcock's 1960 film "Psycho".

I besöket i Kalifornien ingick en rad luncher och middagar med Victoria som hedersgäst. Överst t v ses hon i samspråk med ambassadör Lars Eliasson och under tillsammans med två unga TV-skådespelare som blev mycket lyckliga över att få samspråka med en livs levande kronprinsessa från det avlägsna Sverige.

A number of lunches and dinners were included in the visit to California with Victoria as the guest of honour. Above left: Victoria is seen talking with Ambassador Lars Eliasson and below with two young TV actors who were delighted to have a chat with a real-life Crown Princess from distant Sweden.

NOBELJUBILEUM

Nobelfestligheterna i december är en årlig höjdpunkt i Sverige. Men år 2001 firade evenemanget 100-årsjubileum och frågan är om inte denna fest överträffar allt i Nobelväg. Här utvecklas all tänkbar klädprakt och elegans, inte minst vad gäller de kungliga huvudpersonerna. T v anländer kronprinsessan Victoria tillsammans med medicinpristagaren William S Knowles. Sammanlagt 161 inbjudna pristagare samlades på scenen i Stockholms konserthus med kungafamiljen i förgrunden. Nedan prins Carl Philip och prinsessan Lilian.

The Nobel festivities in December are one of the annual highlights in Sweden. In 2001, however, the event celebrated its 100th anniversary and the question is whether this occasion surpassed all other Nobel ceremonies. The occasion outdid itself in splendour and elegance, not least among the leading members of the royal family. On the left: Crown Princess Victoria arrives accompanied by the prizewinner for medicine William S Knowles. A total of 161 invited prizewinners gathered on the stage at Stockholm's Concert House with the royal family in the foreground.

Right: Prince Carl Philip and Princess Lilian.

27

Vid banketten i Blå hallen i Stockholms stadshus satt kronprinsessan strategiskt placerad tillsammans med Nobelstiftelsens ordförande professor Bengt Samuelsson, själv pristagare 1982, och pristagaren William S. Knowles och njöt av tio stjärnkockars jubileumsmeny med blomkålssoppa och hummergelé, vaktel med gåsleverpastej, grön sparris och körvelpuré, och som avslutning den obligatoriska Nobelglassen. Kung Carl Gustaf och drottning Silvia fick en lång och givande pratstund med litteraturpristagaren V S Naipaul och hans hustru Nadira i Prinsens Galleri. Prins Carl Philip förde Sarah Lizabeth Gilbert till bordet.

During the banquet in the Blue Hall at Stockholm City Hall the Crown Princess was strategically seated between the Chairman of the Nobel Foundation, Professor Bengt Samuelsson, who was himself a prizewinner in 1982, and the prizewinner William S. Knowles, and enjoyed the ten top chefs's anniversary menu, which comprised cauliflower soup and langoustine aspic, quail stuffed with chopped duck liver, fresh green asparagus and chervil purée, and finally the obligatory Nobel ice-cream.

King Carl Gustaf and Queen Silvia had a long and fruitful talk with V S Naipaul, the prizewinner for literature, and his wife Nadira in the Prince's Gallery. Prince Carl Philip escorted Sarah Lizabeth Gilbert in to dinner in the Blue Hall.

FARVÄL SIGVARD

I februari månad 2002 avled greve Sigvard Bernadotte, kungliga familjens äldste. Vid en ceremoni i Engelbrektskyrkan i Stockholm tog familjen och kung Carl Gustaf och hans familj avsked av Sigvard, född prins men fråntagen sin titel efter äktenskap med Erika Patzek i London 1934. Frågan om Sigvards titel har i åratal varit en stridsfråga. Till slut tröttnade Sigvard och återtog sin prinstitel 1983.

Närvarande vid begravningen som förättades av kyrkoherde emeritus Ingemar Glemme, var makan Marianne och ende sonen Michael från andra giftet, kung Carl Gustaf och drottning Silvia, kronprinsessan Victoria, prins Carl Philip och prinsessan Madeleine, prinsessan Lilian, kungens systrar Margaretha och Désirée och drottning Margrethe av Danmark med prins Henrik.

Sigvards yngste bror Carl Johan anlände tillsammans med sin hustru Gunnila, dottern Monica Bonde, barn och barnbarn. Sigvards sista vilorum är kungliga begravningsplatsen på Haga.

Count Sigvard Bernadotte, the eldest member of the royal family, passed away in February 2002. During a ceremony at Engelbrekt's Church the family, and King Carl Gustaf and his family, paid their last respects to Sigvard, born a prince but deprived of his title following his marriage to Erika Patzek in London in 1934. Sigvard's title has been a controversial issue for years. Sigvard finally tired of the issue and began to use the title of prince again in 1983.

The funeral, conducted by the Reverend Ingemar Glemme, took place in the presence of Sigvard's wife Marianne and only son Michael, from his second marriage, King Carl Gustaf and Queen Silvia, Crown Princess Victoria, Prince Carl Philip and Princess Madeleine, Princess Lilian, the King's sisters Margaretha and Désirée and Queen Margrethe of Denmark with Prince Henrik.

Sigvard's youngest brother Carl Johan arrived accompanied by his wife Gunnila, daughter Monica Bonde, and children and grand-children. The royal cemetery at Haga is Sigvard's last resting place.

Astrid Lindgren, Sweden's queen story-teller and the creator of Pippi Longstocking and Emil, passed away in the spring of 2002. There was a great sense of grief. Astrid's readers and friends lined the streets of Stockholm as her body was taken to a memorial service at the Stockholm Cathedral. King Carl Gustaf, Queen Silvia and the Crown Princess, who enjoyed a close and warm relationship with the famous authoress, were among those who took part in the service. A written communiqué signed by Crown Princess read:

"Astrid Lindgren has the ability to capture and move both children and adults. She ventures to take sides for the children without, for any reason, coddling them or idealising life; she quite simply sees the world through the eyes of a child. I will always remember Astrid Lindgren for her straightforward and unaffected manner and for her wonderful sense of humour."

Astrid Lindgren,

Sveriges sagodrottning, Pippi Långstrumps
och Emils skapare, gick bort våren 2002.
Sorgen var stor. Astrids läsare och vänner
kantade Stockholms gator när hennes stoft
fördes till en minnesgudstjänst i Storkyrkan.
Bland deltagarna i gudstjänsten sågs kung
Carl Gustaf, drottning Silvia och kronprin-
sessan Victoria som hade en nära och varm
relation till den berömda författarinnan. I
ett uttalande signerat kronprinsessan Victo-
ria kunde läsas:

"Astrid Lindgren har förmågan att fängsla
och beröra barn såväl som vuxna. Hon vågar
ta barnens parti utan att för den skull dalta
med dem eller skönmåla livet; hon ser värl-
den genom barnens ögon helt enkelt. ... Jag
kommer alltid att minnas Astrid Lindgren
för hennes raka och okonstlade sätt och för
hennes härliga humor."

VICTORIA I AFRIKA

Kronprinsessan Victorias tvåveckorsresa till Uganda och Etiopien i mars 2002 blev omtumlande och lärorik. Trots det stora antalet AIDS-och HIV-sjuka och andra nödlidande finns det optimism och hopp. Sverige har gått in i ett internationellt samarbete för att förbättra situationen för de 30 miljoner människor som lever runt Victoriasjön. Victoria fick bekanta sig med den stora sjön tillsammans med personal från SIDA. Turen blev besvärlig eftersom båten rullade kraftigt i vågorna. Sjösjukan var inte långt borta.

I Addis Abeba besökte kronprinsessan UNICEF-skolan Entoto Amba och lyssnade på vetgiriga elever i första klass.

Crown Princess Victoria's two-week visit to Uganda and Ethiopia in March 2002 was both overwhelming and informative. There is optimism and hope despite the large number who are sick with AIDS and HIV and the other needy. Sweden has joined an international alliance to improve the situation for the 30 million people living around Lake Victoria. Together with personnel from SIDA Victoria took a trip on the large lake. The trip was trying since the boat rolled from side to side in the waves and many felt queasy.

The Crown Princess visited the UNICEF school Entoto Amba in Addis Abeba and listened to inquisitive first form pupils.

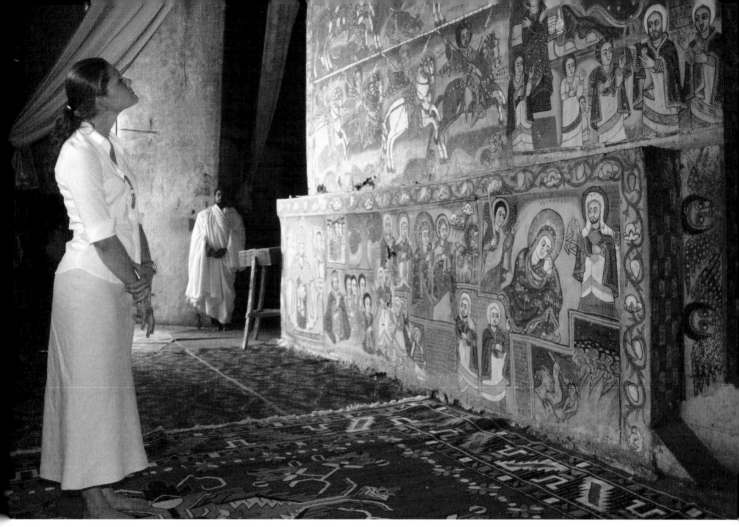

Victoria hann också besöka Lake Tana, Afrikas näst största sjö. På stranden fick hon smaka äkta etiopiskt kaffe, en delikatess.

På halvön Zege besökte hon den unika kyrkan Ura Kidanemehret från 1200-talet med färgstarka altarutsmyckningar.

Vid Lake Tana kunde kronprinsessan ha prövat en kanot av naturmaterial men avstod. En flock pelikaners högljudda protester bidrog till beslutet.

Victoria also found time to visit Lake Tana, the second largest lake in Africa. She tasted the delicacy of proper Ethiopian coffee on the beach.

On the Zege Peninsula she visited the unique church Ura Kidanemehret from the 13th century with its colourful altar decoration.

The Crown Princess could have tested a canoe made of natural material at Lake Tana, but declined. The vociferous protests from a flock of pelicans contributed to her decision.

I provinsen Amhara några mil från Bahir-Dar i Etiopien besökte Victoria en familj som generöst bjöd den svenska gästen på en etiopisk måltid.

I Bahi-Dars center för jordbruksforskning planterade hon ett äppelträd tillsammans med dr Gete Zeleke, chef för anläggningen. Överallt fick kronprinsessan fin kontakt med barnen, Etiopiens hopp och framtid.

Victoria visited a family who generously offered the Swedish guest an Ethiopian meal in the Amhara Province, a few miles from Bahir-Dar, Ethiopia. She planted an apple tree at Bahi-Dar's centre for agricultural research, accompanied by Dr Gete Zeleke, head of the centre. Wherever she went the Crown Princess and the children, Ethiopia's hope and future, bonded with each other.

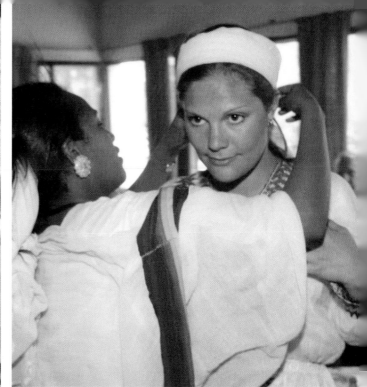

I Amhara i Etiopien fick Victoria en av afrikaresans festligaste upplevelser. Som gåva fick hon i Gojam en äkta etiopisk folkdräkt. Flitiga händer hjälpte till att skruda henne i den vackra kreationen. Bilden av Sveriges kronprinsessa poserande framför kameran blev ett glatt minne för alla som var med.

Victoria had one of her most festive experiences of the African trip in Amhara, Ethiopia. In Gojam she received a gift of an original Ethiopian national costume. Dextrous fingers helped wrap her in the beautiful creation. The picture of Sweden's Crown Princess posing in front of the camera was a happy memory for everyone who was there.

STATSBESÖK I SLOVAKIEN

I början av april 2002 anlände svenska kungaparet på ett viktigt tredagarsbesök till Slovakien och huvudstaden Bratislava. De möttes av president Rudolf Schuster och fördes i kortege till presidentpalatset.

Slovakien har i dag 5,4 miljoner invånare. Den tjeckoslovakiska unionen upplöstes 1994. Nu strävar man efter EU-medlemskap och har klarat av större delen av förhandlingarna med EU.

Efter ankomsten till Bratislava avverkades en rad programpunkter. Kungaparet promenerade i Bratislavas centrum och tittade på den vackra slottsträdgården. Kung Carl Gustaf planterade en ek som minne av besöket.

At the beginning of April 2002 the Swedish royal couple arrived in Slovakia and the capital Bratislava on an important three-day visit. They were met by President Rudolf Schuster and travelled in procession to the Presidential Palace. Slovakia has 5.4 million inhabitants. The Czecho-Slovakian Union was dissolved in 1994. The country is currently aspiring to EU membership and has completed the majority of the negotiations with the EU.

A number of events on the programme were undertaken following the arrival. The royal couple walked in the centre of Bratislava and admired the beautiful castle gardens. King Carl Gustaf planted an oak tree to commemorate the visit.

Slovakien har många skatter och traditioner att bevara. Drottning Silvia studerade Frantisek Xaver Messerschmidts stora bronshuvuden med härliga miner från 1700-talet i Bratislavas slott.

Drottning Silvia bar blå klänning när hon och kung Carl Gustaf inviterade till svarsmiddag i Bratislava, här tillsammans med presidentens hustru Irena Schusterova i svart klänning med brokadjacka.

Vid ett besök på den slovenska landsbygden passade de lokala värdarna på att skänka kungen en hundvalp av en ras som är specialiserad på vildsvinsjakt.

Slovakia has many treasures and traditions to maintain. Queen Silvia studied Frantisek Xaver Messerschmidt's large bronze heads with their wonderful expressions from the 18th century in Bratislava's castle.

Queen Silvia wore a blue gown when she and King Carl Gustaf invited guests to a reciprocal dinner in Bratislava. She is shown here with the President's wife Irena Schusterova who is wearing a black gown with a brocade jacket.

During a visit to the Slovak countryside the local hosts took the opportunity to present the King with a breed of puppy that is reared for hunting wild boar.

As a finale the Swedish guests visited the Shugov forge close to the Slovak President's hometown of Medzev. In keeping with tradition, the King attempted to manufacture a spade but did not quite succeed and therefore had to pay a fine of two bottles of Tokay and a bottle of schnapps, which his hosts had the foresight to have at hand. No one has yet passed the test. The King was sufficiently adept however to be made an honorary blacksmith and was awarded a diploma. The King inaugurated a stone plaque in Medzev to commemorate the rewarding visit of 2002.

Som final på resan besöke de svenska gästerna smedjan Shugov i närheten av den slovakiske presidentens hemstad Medzev. Där fick kungen traditionsenligt pröva på att tillverka en spade men lyckades inte hundraprocentigt och fick därför böta två flaskor tokajer och en flaska snaps som värdarna förutseende hade i beredskap. Hittills har ingen klarat provet. Men kungen var tillräcktligt duktig för att bli utnämd till hederssmed med diplom. I Medzev fick kungen inviga en stentavla som minner om det givande besöket år 2002.

DROTTNINGMODERN

Elizabeth blev 101 år gammal. Hon föddes den 4 augusti 1900 som Elizabeth Angela Marguerite Bowes-Lyon och avled stilla i slottet Windsor på påskaftonens morgon. Hon var gift med George VI och mor till Storbritanniens nuvarande drottning Elizabeth II. Varken drottningmodern eller dottern prinsessan Margret fick vara med när drottningen firade sitt 50-årsjubileum som regent, båda gick bort kort före jubileet.

9 april jordfästes den mycket populära drottningmodern, känd för sitt glada humör och aldrig svikande medkänsla med andra människor, något som britterna fick erfara under andra världskriget. Tiotusentals människor kantade gatorna i centrala London när drottningmodern Elizabeths stoft fördes från Westminster Hall till begravningsceremonin i Westminster Abbey. Bland de sörjande sågs hela den kungliga familjen med drottningen, prins Philip och kronprins Charles i spetsen. Sveriges kungahus representerades av kung Carl Gustaf och drottning Silvia.

Queen Elizabeth, the Queen Mother, died at the age of 101. Elizabeth Angela Marguerite Bowes-Lyon was born on 4 August 1900 and passed away peacefully at Windsor Castle on the morning of Easter Saturday. She was married to George VI and was mother of the present Queen of Great Britain, Queen Elizabeth II.

The extremely popular Queen Mother was buried on 9 April. She was known for her sense of humour and never-failing empathy towards other people, as the British discovered during World War II. Tens of thousands of people lined the streets of central London when the Queen Mother's body was carried from Westminster Hall to the funeral ceremony at Westminster Abbey. The entire royal family with the Queen, Prince Philip and the Prince of Wales were seen at the fore of the mourners. King Carl Gustaf and Queen Silvia represented the Swedish royal family.

Den 30 april fyllde kung Carl Gustaf år och hyllades med en entusiastisk uppvaktning på Stockholms slott av en stor folkmassa på yttre borggården. Kungahusets popularitet består. Födelsedagsfirandet 2002 följde traditionerna. Veteranerna fanns på plats liksom barnen som uppvaktade med blommor och buketter. Till ramen hörde trumvirvlar och musik av Arméns musikår. I år hördes också jazzig sång à capella, som applåderades varmt. Som glad final vinkade kungen, omgiven av hela familjen och prinsessan Lilian, från ett fönster i slottet. Ett familjefotografi togs på Logården för att bevara minnet av ännu ett glatt födelsedagsfirande.

King Carl Gustaf's birthday is on 30 April and here a large and enthusiastic crowd in the outer courtyard of the Stockholm Palace congratulate him. The popularity of the royal family continues. The birthday celebrations in 2002 followed tradition. The veterans were on hand as were the children to congratulate the King with flowers and bouquets. The roll of drums and music of the Central Band of the Swedish Army was heard as an accompaniment. Jazzy à capella song was also heard this year, and was warmly applauded. As a happy finale, the King, surrounded by the entire family and Princess Lilian, waved from one of the Palace windows. A family photograph was taken at Logården to preserve the memory of yet another happy birthday celebration.

EN KYSS AV KÄRLEK

Hela Norge och en stor del av TV-världen levde med i den romantiska lycka som famnade vårens lyckligaste brudpar – prinsessan Märtha Louise och författaren Ari Behn. Hela Trondheim var smyckat med 45 000 liljor för en fest utan like. Vad man kommer att minnas från detta kungliga bröllop den 24 maj var brudens tårar i Nidarosdomen och KYSSEN – den kyss som alla hade väntat på. Efter vigseln gick brudparet och hela följet till fots de 600 metrarna till Stiftsgården där man åt bröllopsmiddagen.

All of Norway and many TV viewers from around the world shared the romantic joy that surrounded spring's happiest bride and groom – Princess Märtha Louise and the author Ari Behn. All of Trondheim was decorated with 45,000 lilies for a party without equal. The bride's tears in the Nidaros Cathedral and THE KISS that everyone had awaited will be remembered from this royal wedding on 24 May. After the ceremony the bride and groom with retinue walked the 600 metres to Stiftsgården where they partook of the wedding dinner.

Från vigseln i Nidarosdomen vandrade ett lyckligt brudpar mellan hederskompanierna till den väntande bröllopsmiddagen.

Stolta föräldrar denna dag var kung Harald och hans drottning Sonja.

Bröllopets vackraste syskonpar – prinsessan Madeleine med sin bror prins Carl Philip.

Bland gästerna syntes statsminister Kjell Magne Bondevik och hans fru Bjorg i knallgul klänning.

Brudens bror kronprins Haakon med sin Mette-Marit fick all tänkbar uppmärksamhet när de lämnade domen efter Märtha Louise och Aris vigsel.

After the ceremony in the Nidaros Cathedral the happy couple walked between a guard of honour to the wedding dinner that awaited them.

King Harald and Queen Sonja were proud parents on this day.

Right: Princess Madeleine and her brother Prince Carl Philip – the most striking siblings at the wedding.

Below: Prime Minister Kjell Magne Bondevik and his wife Bjorg wearing a bright yellow gown are seen here.

The bride's brother Crown Prince Haakon and his wife Mette-Marit received much attention when they left the Cathedral following Märtha Louise and Ari's marriage.

Spain's Crown Prince Felipe escorted Sweden's Crown Princess Victoria to the wedding, an extremely handsome couple to whom much attention was paid. Holland's newly-wed Crown Prince Willem Alexander and his beautiful wife Máxima are seen behind.

Above: It was a big day for the groom's parents, Marianne Sohlberg and Olav Bjørshol when their son Ari married into Norway's royal family. Queen Margrethe from Denmark appeared in a dazzling yellow gown.

Left: Prince Edward and his wife Sophie represented the British royal family.

Right: Besides the bridal couple, Crown Princess Victoria and Crown Prince Haakon were seen dancing.

Sveriges kronprinsessa Victoria ledsagades till vigseln av Spaniens kronprins Felipe, en mycket stilig och uppmärksammad duo. Bakom dem ses Hollands nygifta kronprinspar, Willem Alexander och hans vackra Máxima.

För brudgummens föräldrar Marianne Sohlberg och Olav Bjørshol var det en stor dag när sonen Ari blev ingift i Norges kungahus.

Från Danmark kom drottning Margrethe i lysande gult. Engelska kungahuset representerades av prins Edward och hans Sophie.

I dansens virvlar syntes, förutom brudparet, kronprinsessan Victoria med kronprins Haakon.

STOCKHOLM 750 ÅR

Under en intensiv vecka i juni firades Stockholms – Mälardrottningens – 750-årsjubileum med klang och jubel, musik, fyrverkerier och parader. Över staden svävade varmluftsballonger som gav skymningen över staden en extra dimension. I Stadshuset avnjöts en jubileumsbankett med kungligt deltagande och stadens ledare på plats, bl a kommunfullmäktige Axel Wennerholm, borgarråden Mikael Söderlund och Carl Cederschiöld och längst t h Charlotte Cederschiöld.

Kung Carl Gustaf visade sina färdigheter som slagverkare när han uppträdde tillsammans med gruppen Kroumata. Och i Gamla stan sågs bastanta historiska figurer på parad. Se det var ett riktigt 750-årsjubileum!

Stockholm's 750th anniversary was celebrated with jubilation and rejoicing, music, fireworks and parades during an intensive week in June. Hot air balloons flew above the city and gave the twilight over the city an extra dimension. Royalty and city leaders enjoyed an anniversary banquet at City Hall. Councillor Axel Wennerholm, commissioners Mikael Söderlund and Carl Cederschiöld and, on the far right, Charlotte Cederschiöld were among those who attended the banquet. King Carl Gustaf also displayed his proficiency as a percussionist when he appeared with the group Kroumata. Stout, historical figures were seen parading in the old part of the city. It truly was a 750th anniversary!

År 2002 firade drottning Elizabeth II sitt 50-årsjubileum som regent. Till jubileet kom alla Europas kungligheter. På bilden ses en glatt leende Elizabeth omgiven av drottning Silvia av Sverige och Danamrks drottning Margrethe på vänster sida samt drottning Beatrix av Holland och drottning Sofia av Spanien på den högra. I raden bakom stående danske prins Henrik, drottning Paola och kung Albert av Belgien, Spaniens kung Juan Carlos och Norges drottning Sonja med maken kung Harald vid sin sida. Vidare prins Philip – jubilerande drottningens make – och kung Carl Gustaf av Sverige. Kvartetten till höger representerar Luxemburg – Maria Teresa och hennes make storhertig Henri samt seniorparet Jean och Joséphine-Charlotte.

In 2002 Queen Elizabeth II celebrated 50 years as sovereign and all of Europe's royalty attended the jubilee. In the picture Queen Elizabeth, smiling happily, is seen with Queen Silvia of Sweden and Queen Margrethe of Denmark to the left, and with Queen Beatrix of Holland and Queen Sofia of Spain to the right. Back row: Denmark's Prince Henrik, Queen Paola and King Albert of Belgium, Spain's King Juan Carlos and Norway's Queen Sonja with her husband King Harald at her side. Further along, Prince Philip – Queen Elizabeth's husband – and King Carl Gustaf of Sweden. Representing Luxembourg, the quartet on the right are Maria Teresa and her husband, Grand Duke Henri with the elder couple Jean and Joséphine-Charlotte.

VICTORIA, VICTORIA!

En prinsessa var född och ett helt nytt liv tinade upp det stilla livet vid hovet. Plötsligt hördes det glada trampet av små skor i gemaken på Stockholms slott. Vårt bildcollage från Victorias första år visar dopet 1977 med ett stolt föräldrapar och bakom dem drottning Silvias föräldrar. Infälld omslaget på denna bokseries andra utgåva med bilden från första mötet med pressen. Jul-firandet på slottet fick en ny dimension, likaså somrarna på Solliden, kungafamiljens semesterparadis. Det blev en härlig tid för Victoria. Första skoldagen, Lucia- och 6 junifirandet på Skansen i Stockholm tog Victoria på stort allvar.

Midsommar på Solliden firade Victoria med föräldrarna och syskonen Carl Philip och Madeleine. Kronprinsessan skolades tidigt in i sin kommande roll. 1997 delade kronprinsessan ut priset "Årets svensk i världen" till författarinnan Astrid Lindgren, ett glatt och kärt möte. Kronprinsessan Victorias 18-årsdag högtidlighölls på Stockholms slott och blev ett ögonblick som sent skall glömmas av alla som följde ceremonien på plats och i TV. På bilden talar kung Carl Gustaf till sin myndiga dotter. Studentexamen i maj 1996 blev en glittrande glad dag. En överlycklig Victoria kördes genom Stockholms gator med pappa kungen vid ratten.

The Crown Princess was schooled from an early age for her future role. In 1997 the Crown Princess awarded the prize "Swede of the Year in the World" to the authoress Astrid Lindgren and it was a happy, affectionate meeting. Crown Princess Victoria's 18th birthday was celebrated at the Stockholm Palace and was a moment in time that will not be forgotten by those who followed the ceremony, either at the Palace or on television. In the picture on the left King Carl Gustaf addresses his daughter who has come of age. It was an especially happy day in May 1996 when Victoria received her high school diploma. A joyous Victoria is driven through the streets of Stockholm with her father, the King, at the wheel.

Our collage of pictures from Victoria's first year shows her christening in 1977 with her proud parents and, behind them, Queen Silvia's parents. Inset: the cover from the second edition of this series of books with a picture from the first meeting with the press. Christmas celebrations at the Palace took on a new dimension, as did the summers at Solliden, the royal family's holiday paradise. Victoria took her first day at school, and Lucia and National Day celebrations seriously. Victoria celebrated midsummer at Solliden with her parents and siblings Carl Philip and Madeleine.

SOLIG 25-ÅRSDAG FÖR VICTORIA

Efter den sedvanliga uppvaktningen för födelsedagsbarnet på Öländska sommarslottet Sollidens terrass fortsatte festligheterna på Borgholms idrottsplats. Där lyssnade kungafamiljen med kronprinsessan i centrum till en rad artister, bl a Robert Wells med The Royal Rocking Orchestra, Carola och trion Kikki Bettan Lotta som alla i finalen sjöng "Happy Birthday" så att det ekade i sommarkvällen. Kronprinsessan delade ut årets Victoriastipendium till handbollsstjärnan Magnus Wislander.

After the traditional celebrations for the birthday Princess on the terrace of Solliden, the summer palace on Öland, the festivities continued at Borgholm's sports ground. The royal family with the Crown Princess at the centre were entertained by various artists, including Robert Wells with The Royal Rocking Orchestra, Carola and the trio Kikki, Bettan and Lotta who, as a finale, all sang a resounding "Happy Birthday" in the summer evening. The Crown Princess presented the Victoria Scholarship to the handball star Magnus Wislander. Victoria's siblings Madeleine and Carl Philip also attended the sunny party at the sports ground and listened to the singing star La Gaylia Frazier. Crown Prince Felipe of Spain was seen among the royal guests. From Norway, the newly-wedded Princess Märtha Louise and her husband Ari were also present.

Victorias syskon Madeleine och Carl Philip var också med på den soliga festen på idrottsplatsen och fick lyssna till sångstjärnan La Gaylia Frazier i sprakande röd klänning. Bland de kungliga gästerna sågs kronprins Felipe av Spanien. Från Norge kom nygifta prinsessan Märtha Louise och maken Ari.

Omslagsfoto Erhan Güner

© BOBBY ANDSTRÖM OCH
BOKFÖRLAGET NATUR OCH KULTUR/LTs FÖRLAG
STOCKHOLM 2002

FOTO ERHAN GÜNER/SCANPIX OCH
LISE ASERUD/ sid 53 nedre tv, 54 övre th
THOMAS BJORNFLATEN/ 53 nedre th
MARK EARTHY/ 27 nedre, 32 övre
LIONEL HAHN/ABACA/ 22–25
JANERIK HENRIKSSON/ 48, 49, 61 övre th
ANDERS HOLMSTRÖM/ 60 mitten th
LEIF R JANSSON/ 7 övre, 8 nedre th, 9 nedre, 10, 11 övre tv, 14–21,
27 övre, 30, 31 nedre, 34–45, 60 nedre tv och mitten tv,
61 övre tv och nedre tv
STEFAN JERREVÅNG/ 33 nedre
HEIKO JUNGE/ 52 övre, 54 nedre tv
GORM KALLESTAD/ 52 nedre
BJÖRN LARSSON ASK/ 33 övre
PHIL LOFTUS/ 47 nedre tv
PETER LYDÉN/ 5, 56 övre
BERTIL PERSSON/ 7 nedre
FREDRIK SANDBERG/ 32 nedre
SIPA/ 46 övre, 58–59
SIPA/KEN GOFF/ 47 övre och nedre th
SIPA/NIVIERE ALFRED SICHOV/ 46 nedre
MAJA SUSLIN/ 1, 56 nedre tv
ANDERS WIKLUND/ 57, 62, 63
TERJE VISNES/ 53 övre
ERLEND AAS/ 50 nedre th, 54 övre tv
ROLF ÖHMAN/ 50 nedre tv

PRODUCERAD AV
ANDERS RAHM BOKPRODUKTION
STOCKHOLM
TRYCKNING OCH BINDNING
PROOST INTERNATIONAL BOOK PRODUCTION
TURNHOUT, BELGIEN 2002

ISBN 91-27-35395-8

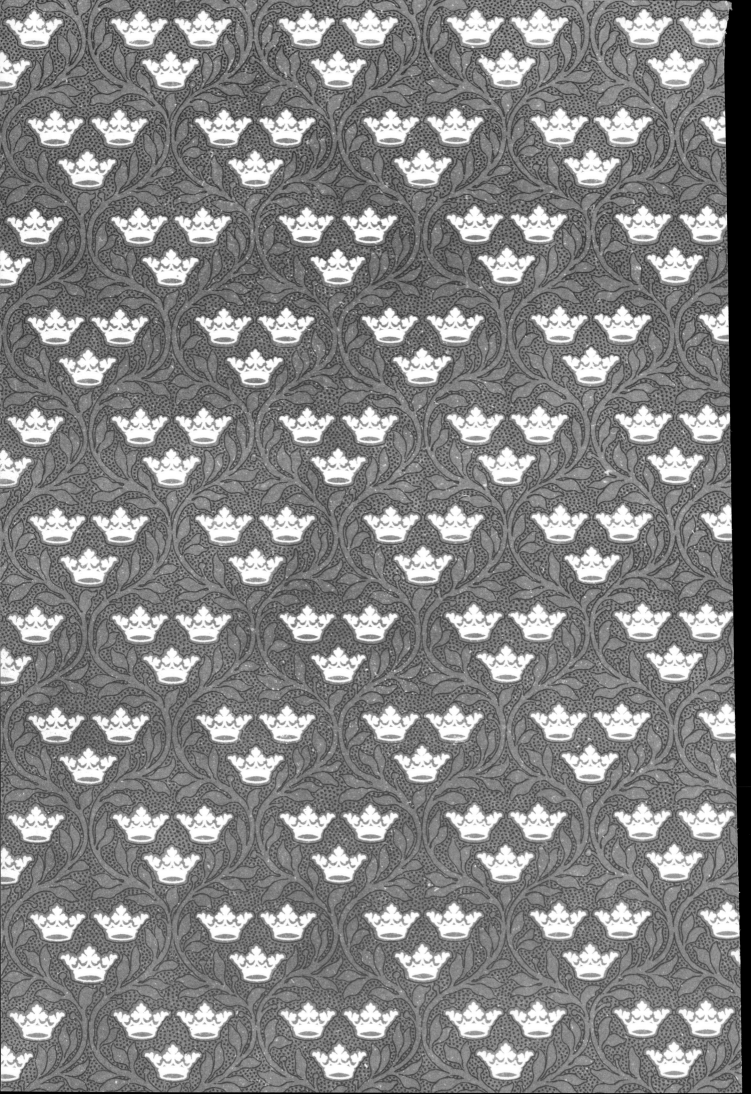